Tina Schwichtenberg

Ravensburger® Hobbykurse

Geschirr töpfern

Otto Maier Ravensburg

Für meine Töchter Britta und Barby

1. Auflage 1984

Schwarzweißfotos: Tina Schwichtenberg
Farbfotos: Peter Rathmann
Satz: E. Weishaupt, Meckenbeuren
Gesamtherstellung: Himmer, Augsburg
Printed in Germany

91 90 89 88 6 5 4 3

ISBN 3-473-45667-5

Inhalt

Einleitung

Mit diesem Buch möchte ich Dir die Möglichkeit geben, ein ganzes Geschirr ohne Drehscheibe selbst zu töpfern. Du brauchst keine Vorkenntnisse; Ton und eine Menge Geduld genügen, es gelingt Dir ganz sicher. Die ersten Teile, die Teller, sind sehr leicht nachzuarbeiten. In jedem neuen Abschnitt lernst Du etwas dazu, bis Du eine Teekanne oder eine Suppenterrine schaffst.
Viele Teile des Geschirrs sind austauschbar, z. B. sind die Teebecher gleichzeitig Bowlengefäße, und die Suppentassen können auch als Salatschüssel benutzt werden, so brauchst Du nicht so viele Stücke zu arbeiten. Weil sich bei diesem Geschirr die Grundmaße immer wiederholen – z. B. ist der Boden der Teekanne genauso groß wie der des Stövchens –, habe ich mir beim Tischler kreisförmige Tischlerplatten zuschneiden lassen mit den Durchmessern 13, 24, 30, 33 und 40 Zentimeter. Auf diesen Platten arbeite ich jedes Werkstück: so bekommen auch wirklich alle Teller annähernd die gleiche Größe. Zum Ausstechen der Böden für Teebecher oder Kaffeetasse habe ich eine Konservendose mit etwa acht Zentimeter Durchmesser genommen, von der ich zuerst Boden und Deckel entfernt habe.
Nun fehlen Dir nur noch Küchengeräte, wie z. B. Gabel, Messer, Kuchenrolle usw. Du brauchst also kaum Anschaffungen zu machen, nur eine Menge Ton besorgen, und dann kannst Du gleich beginnen, denn dieses Geschirr hat sehr einfache, klare Formen, die harmonisch aufeinander abgestimmt sind. Eine dunkle Glasur für

außen, eine helle für innen genügten mir, aber vielleicht macht es Dir mehr Spaß, ein Muster auf die Wandungen zu malen?
In einem anderen Buch, „Schalen, Töpfe, Krüge", findest Du Vorschläge zum Nacharbeiten, damit Du Dein Geschirr noch ergänzen kannst, z. B. mit einem Nußkörbchen oder einem Gurkentopf. Die Formen passen alle zum Geschirr, aber am besten fängst Du erst mal mit den Tellern an...

Viel Erfolg und Spaß

Tina

Woher bekommst Du Ton?

Deinen Ton bekommst Du in Töpfereien oder Bastelgeschäften. Im allgemeinen wird er in Folie abgepackt, schon formbar. So ein 10 kg schweres „Tonbrot" kostet etwa zehn Mark. Du kannst Dir den Ton auch als Tonmehl schicken lassen und mit Wasser selber aufrühren. Gut ist es, wenn Du bei Deiner Tonquelle gleich nach Glasuren fragst.

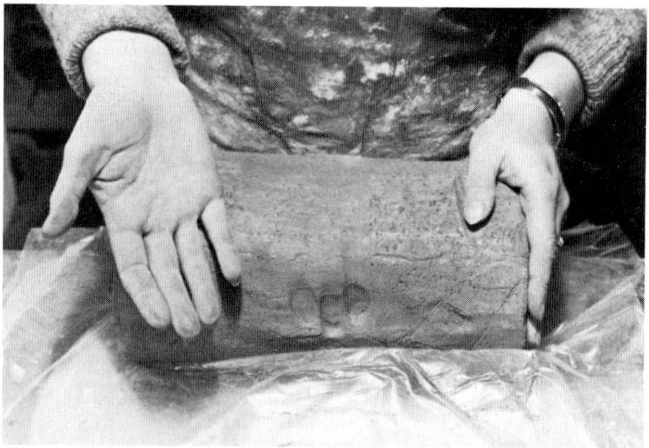

Vielleicht kannst Du dort auch brennen lassen. Dein Ton darf zum Arbeiten nicht zu feucht sein. Klebt er beim Handabdruck an Deiner Handfläche, dann ist er zu naß. Laß ihn auf Zeitungspapier eine Nacht abtrocknen.

Was ist Schlicker?

Schlicker ist beim Töpfern ein „Kleber". Ein wenig Ton zerbröselst Du auf Zeitungspapier und läßt ihn trocknen. Mit der Kuchenrolle walzt Du ihn danach zu Mehl und verrührst ihn mit Wasser und einer Gabel zu Brei.

Diesen Brei, den Schlicker, benötigst Du immer, wenn Du etwas an- oder aufsetzt. Dazu rauhst Du mit der Gabel die Wandung und auch die Ansatzstelle z. B. des Henkels auf, bestreichst beide Teile mit Schlicker und setzt sie mit leichtem Druck zusammen.

Woher bekommst Du die Glasur?

Am besten beziehst Du die Glasur dort, wo Du den Ton bekommst. Es ist wichtig, daß Ton und Glasur aufeinander abgestimmt sind und beim Brennen in gleichem Maß schwinden, dann kann Dir so leicht nichts reißen.

Das Glasurmehl setzt Du mit Wasser sämig an. Nach ein paar Stunden wird es mit einem dicken Pinsel durch ein ganz feinmaschiges Sieb passiert. Mit dem Pinsel belegst Du Deine Tonarbeiten, wenn sie trocken und vorgebrannt sind. Aufpassen, daß keine Glasur auf der Standfläche bleibt. Deine Tonarbeit würde im Ofen festbrennen.

Teegeschirr

Teller

Hier wird ein Teegeschirr getöpfert mit Bechern, Tellern, Teekanne und Stövchen. Der Unterteller ist der Anfang, das ist wirklich nicht schwer. Dazu brauchst Du Ton, Deine Küchengeräte und die Tischlerplatte mit 13 cm Durchmesser. Auf Zeitungspapier rollst Du mit der Kuchenrolle Ton aus, ungefähr 1 cm dick.

Versuche, den Boden recht gleichmäßig zu rollen. Mit dem Messer schneidest Du um die Platte herum, die Du auf die ausgerollte Fläche gelegt hast.

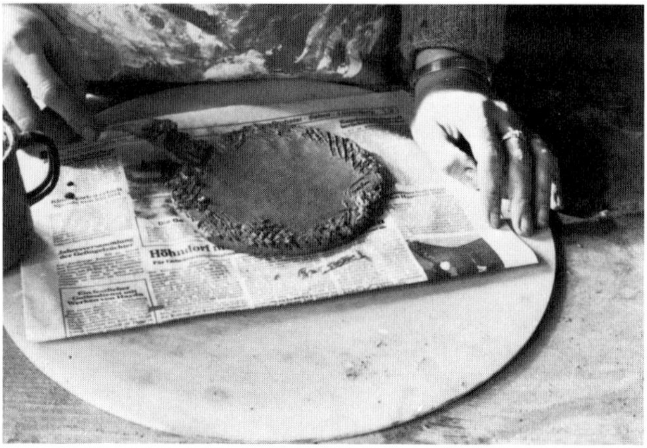

Nun rauhst Du den Boden an der Kante ringsherum auf und schlickerst sie kräftig an.

Mit beiden Händen rollst Du auf dem Tisch eine Tonrolle aus, ungefähr so dick wie Dein Zeigefinger; sie soll möglichst gleichmäßig und glatt gelingen.

Diese Tonrolle legst Du ringsherum auf die geschlickerte Kante Deines Bodens. Leicht andrücken und mit dem Zeigefinger innen gut verstreichen. Dabei mit der linken Hand von außen stützen.

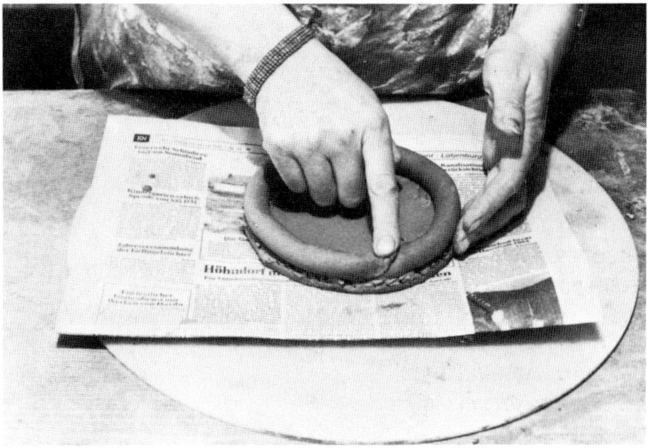

Nun mußt Du auch außen Tonrolle und Boden sorgfältig verstreichen. Mir gelingt es immer am besten mit einem Teigschaber. Fertig ist der erste Teller.

Hast Du Dir schon überlegt, für wie viele Leute Du Dein Teegeschirr machen möchtest? Bei der Teekannengröße, die ich in diesem Buch vorstelle, bieten sich sechs Gedecke an. Somit brauchst Du sechs Teller. Auch bei der nächsten Größe mit 24 cm Durchmesser.

Den Boden rollst Du genauso aus wie beim ersten Mal, auch das Schlickern nicht vergessen. Eine Tonrolle wird auch wieder der Tellerrand. Wenn eine Tonrolle nicht herumreicht, die Ansatzstücke immer übereinander ansetzen, damit ausreichend Material zum Verarbeiten da ist. Gut verstreichen!

Auch hier bei der Käseplatte mit 30 cm Durchmesser verfährst Du genau wie vorher. Alle Teller läßt Du auf Zeitungspapier trocknen, sie können sich dann gut zusammenziehen und reißen nicht.

Teebecher

Nun sind die Teebecher dran. Hierzu brauchst Du noch eine Konservendose mit 8 cm Durchmesser. Boden und Deckel entfernen, damit Du gut die Tonplätzchen (Becherböden) ausstechen kannst. Dazu rollst Du Dir Ton aus, 1 cm stark.

An den Kanten aufrauhen und schlickern. Eine Tonrolle rollst Du mit der Kuchenrolle ganz flach, etwa ½ bis 1 cm stark. Daraus schneidest Du pro Becher einen Streifen von 5 cm Breite und etwa 30 cm Länge.

Diesen Streifen setzt Du senkrecht auf den geschlickerten Boden ganz an der Kante auf und legst die Enden vorsichtig übereinander.

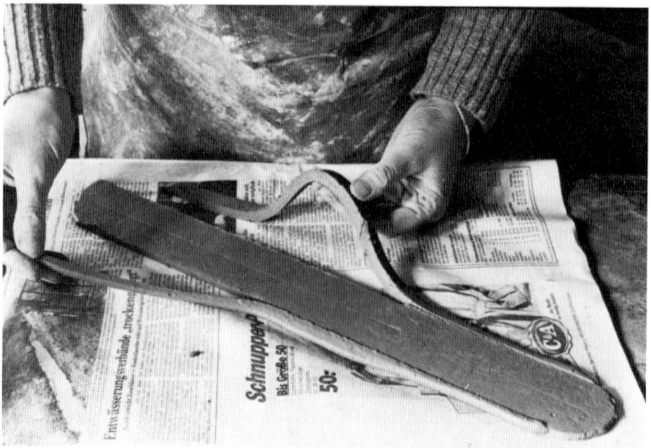

Behutsam die Naht verstreichen, dabei mit der linken Hand die Arbeit von innen oder außen stützen, damit sich der Becher nicht verformt.

Ein kleines Tonröllchen, so dick wie Dein kleiner Finger, legst Du innen in den Becherboden, so hast Du genug Ton zum Verstreichen; Wandung und Boden bekommen dadurch eine gute Verbindung.

Nun verstreichst Du auch Boden und Wandung von außen. Die obere Becherkante habe ich mit den Fingern noch ein wenig dünner gedrückt und abschließend den ganzen Teebecher mit dem Teigschaber geglättet.

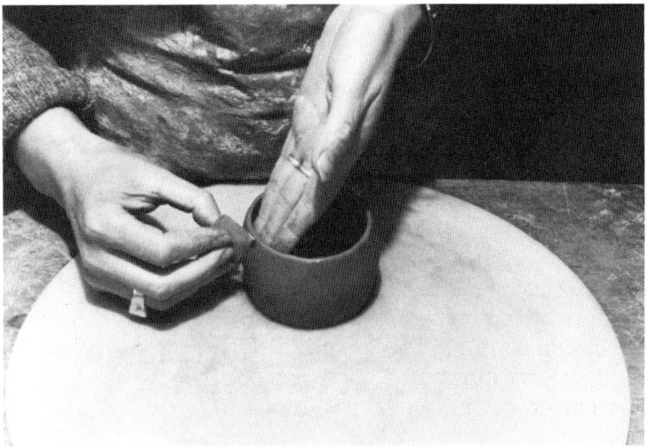

Nach dem gleichen Prinzip arbeitest Du auch das Teesieb. Die Maße sind nur ein wenig anders. Der Boden darf höchstens 7 cm Durchmesser haben, sonst paßt es nicht mehr in die Öffnung der Teekanne. Die Höhe des Streifens für das Sieb ist 9 – 10 cm, die Länge beträgt 25 cm.

Den Boden schlickerst Du auch und setzt die Wandung auf, verstreichst alles gut, innen wieder mit Hilfe eines kleinen Röllchens. Die Oberkante des Siebs braucht einen Ring, der größer sein muß als die Teekannenöffnung, damit das Teesieb nicht hineinfallen kann.

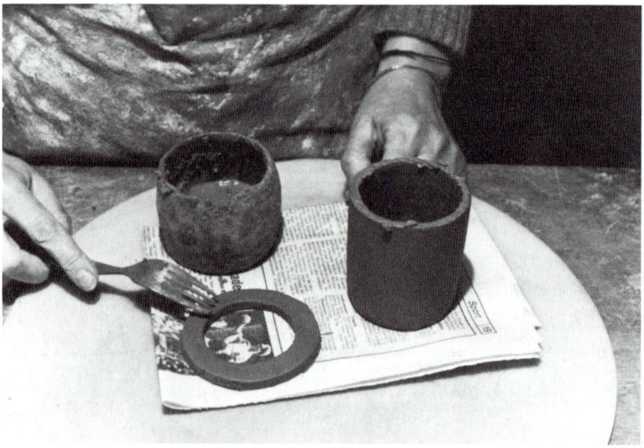

Im Durchmesser beträgt mein Ring 9 cm außen und innen 6 cm. Ich habe ihn vorsichtig obendrauf geschlickert und das Teesieb mit einer Stricknadel total durchlöchert. Es braucht keine Glasur; also nur trocknen und brennen.

Stövchen

Teller und Teebecher sind fertig. Nun formst Du das Stövchen. Es ist für die Teekanne und für die Kaffeekanne gedacht. Alle drei Arbeiten haben den gleichen Durchmesser der Grundfläche, nämlich 13 cm. Rolle Dir Ton, 1 cm stark, aus.

Dann schneidest Du Dir den Boden zu und rauhst ihn an der Kante kräftig auf. Gut mit Schlicker bestreichen.

Eine Tonrolle, daumendick, legst Du auf die Schlickerstellen und drückst sie leicht an. (Nicht zu stark, sonst verformt sich die Arbeit zu sehr.)

Mit dem Zeigefinger verstreichst Du sehr sorgfältig Tonrolle und Boden von innen. Dabei von außen mit der linken Hand die Arbeit abstützen.

Auch von außen muß der Ansatz gut verstrichen werden; das geht am besten mit einem Messer. Die zweite Tonrolle ein wenig mit der Kuchenrolle „plätten" und aufsetzen. Die Rolle leicht nach außen drücken und verstreichen.

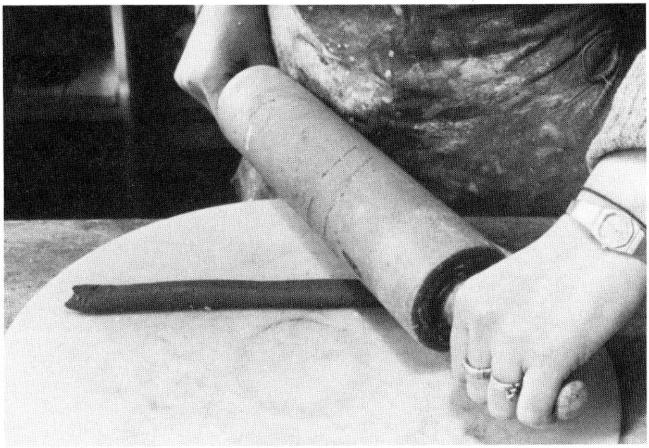

Nun setzt Du nur noch flachgerollte Tonrollen auf. Du kannst so besser die Wandungsstärke bestimmen. Nicht zu dünn arbeiten, aber zu dick würde zu grob wirken. Eine dritte Rolle wird senkrecht daraufgesetzt.

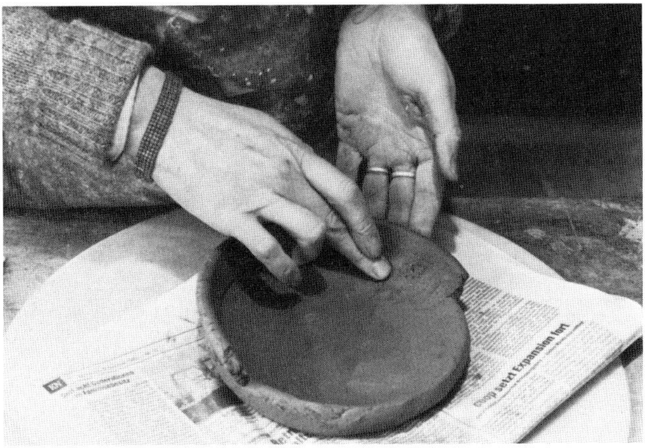

Drei weitere Rollen mußt Du nach innen aufsetzen; so schließt sich die Form langsam. In der Mitte soll das Loch (mindestens 8 cm) groß genug sein, damit Du mit der Hand hineinlangen kannst, um die Kerze anzuzünden.

Laß das Stövchen einen Tag ruhen, dann arbeite es sorgfältig nach. Ich benutze einen Kochlöffel zum Klopfen und einen Teigschaber zum Glätten. Dabei stütze ich das Stövchen von innen mit der linken Hand.

Zum Schluß steche ich mit dem Apfelausstecher rundherum Löcher hinein, damit die Kerze später ausreichend Sauerstoff bekommt. Am besten dreht man dann das Stövchen, damit der Boden gut von unten abtrocknen kann.

Teekanne

Für Deine Tee- und Kaffeekanne besorge Dir einen Korken als Deckel (Durchmesser: 8 cm). Die Teekanne wird zunächst genau wie das Stövchen gearbeitet. Also Tonerde mit der Kuchenrolle ausrollen auf 1 cm Stärke. Dann den Boden ausschneiden, Durchmesser 13 cm.

Auch hier schlickern, eine Tonrolle aufsetzen und gut von innen und außen verstreichen. Die nächstfolgenden Tonrollen werden mit der Kuchenrolle „geplättet", ungefähr auf 1 cm Stärke. Du setzt die zweite Rolle im leichten Winkel nach außen auf.

Die dritte und vierte Rolle setze senkrecht auf die zweite. Beim Verarbeiten immer mit der linken Hand die Arbeit stützen.

Die fünfte und sechste Tonrolle muß im leichten Winkel nach innen aufgesetzt werden, damit sich auch hier die Form langsam schließt. Von innen und außen gut nacharbeiten und einen Tag ruhen lassen.

Nun kannst Du die Tülle schon vorbereiten. Dazu rollst Du Dir einen Tonfladen 1/2 cm stark aus und schneidest Dir ein Band zurecht, 5 x 8 cm groß.

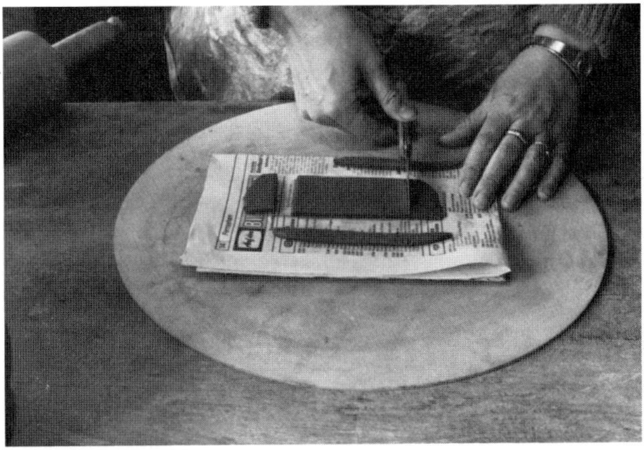

Wickle Dir dieses Tonband um den Finger, lege die Enden leicht übereinander und verstreiche die Nahtstelle von außen mit dem Messer, von innen mit dem Bleistift. Markiere Dir den Tüllenansatz auf dem Kannenkörper. Die Tülle darf nicht zu tief sitzen, sonst läuft der Tee schon bei abgestellter Kanne heraus.

Arbeite nun den Kannenkörper nach. Die Einfüllöffnung muß so groß sein, daß der Korken (als Deckel im Haushaltswarengeschäft zu bekommen) paßt. Ein kleines Loch, in die Wandung geschnitten und geschlickert, hält die Tülle.

Eine kleine Tonrolle, um die Tülle gelegt, bietet genug Material zum Verstreichen. So „wächst" die Tülle aus der Kanne heraus. Mit dem rechten Zeigefinger drückst Du vorn in die Tülle eine kleine Schnaupe ein, damit die Kanne beim Gießen später nicht kleckert.

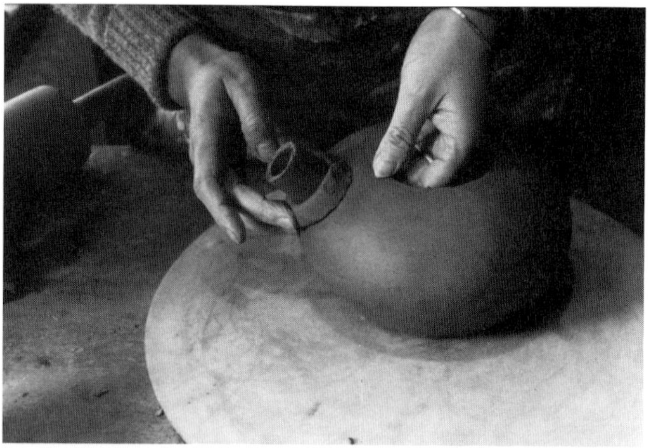

Eine daumendicke Tonrolle, 24 cm lang, ergibt die zwei Henkel von je 12 cm Länge. Du formst sie zum Halbkreis und schlickerst die Enden an die Ansatzstellen auf der Kanne. Eine kleine Tonrolle, um den Ansatz gelegt, gibt genug Ton zum Verstreichen. Zum besseren Trocknen die Kanne schräg stellen und die Henkel mit Papier umwickeln.

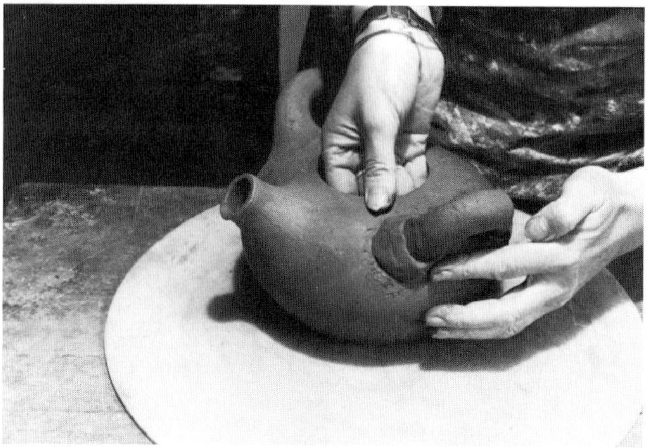

Kaffeegeschirr

Sahne- und Zuckergefäß

Für das Kaffeegeschirr kannst Du Dir sämtliche Teller vom Teegeschirr ausleihen und die Käseplatte als Tortenteller nehmen. Sahne- und Zuckergefäß werden wie die Teebecher gearbeitet. Also, zuerst Ton ausrollen.

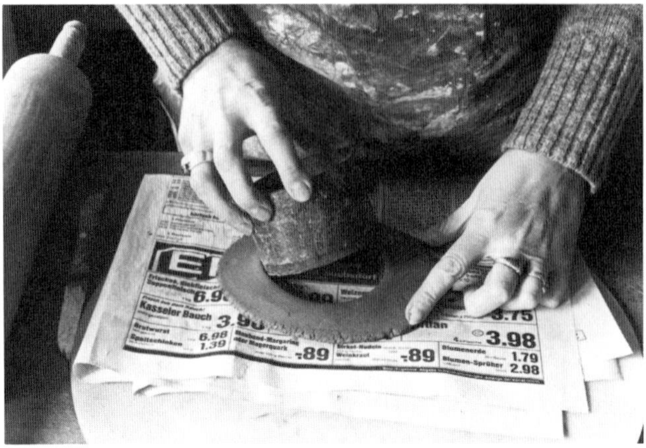

Zwei Böden mit 8 cm Durchmesser ausstechen (mit der Konservendose). Schlickern! Zwei Bänder zuschneiden, etwa 5 cm breit und 30 cm lang. Aufsetzen, Enden übereinander legen und die Naht verstreichen. Innen eine kleine Tonrolle hineinlegen und so Wandung und Boden binden. Auch von außen glätten.

Einen Tag später nacharbeiten mit dem Teigschaber. Für das Sahnekännchen eine Schnaupe mit dem Zeigefinger eindrücken, dabei mit dem linken Daumen und Zeigefinger von außen die Wandung stützen.

Tassen

Sahne- und Zuckergefäße zum Trocknen auf den Kopf stellen, damit der Boden gut abtrocknen kann. Für die Tassen Ton ausrollen. Die Anzahl bestimmst Du selbst. Zur Kanne passen sechs Tassen.

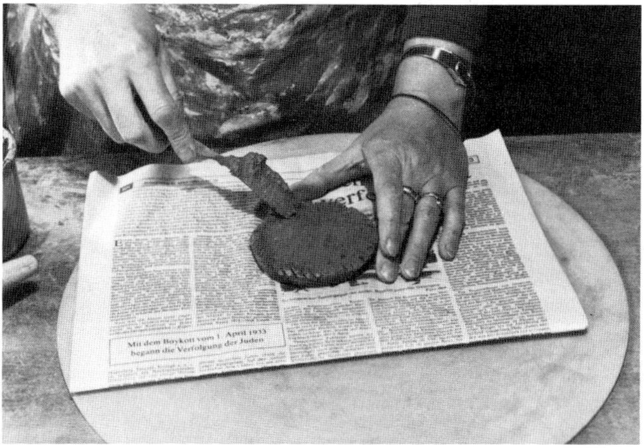

Mit der Konservendose mehrere Böden ausstechen und schlickern. Auch hier brauchst Du wieder, wie bei den Teebechern und den Sahne- und Zuckergefäßen, Bänder von 5 x 30 cm pro Tasse.

Das Band auf den geschlickerten Boden setzen, die Enden übereinanderlegen und die Naht sorgfältig verstreichen. Innen eine kleine Tonrolle zum Verstreichen hineinlegen, zwischen Wandung und Boden. Einen Tag ruhen lassen.

Am nächsten Tag alle Tassenformen nacharbeiten. Die obere Kante mit Daumen und Zeigefinger ein wenig dünner drücken und mit dem Teigschaber glätten.

Nun die Rollen für die Henkel vorarbeiten. Sie sollen fingerdick und 12 cm lang sein. Zum Halbkreis legen und die Enden (auch die Ansatzstellen auf der Wandung) schlickern.

Henkel mit leichtem Druck ansetzen und um die Ansatzstellen eine kleine Tonrolle zum Verstreichen legen. Dabei mit der linken Hand von innen stützen. Henkel zum Trocknen mit Papier umwickeln und die Tassen auf die Öffnung stellen. Später brennen und glasieren!

Kaffeekanne

Für die Kaffeekanne brauchst Du wieder einen Korken (8 cm Durchmesser) als Deckel und die Tischlerplatte mit 13 cm Durchmesser. Das Stövchen übernimmst Du von dem Teegeschirr. Roll Dir Ton für den Boden aus und schneide ihn zurecht.

Schlickere den Boden an den Kanten kräftig auf und lege eine Tonrolle (fingerdick) darauf. Leicht andrücken und mit dem Zeigefinger Rolle und Boden miteinander verstreichen. Dabei mit der linken Hand die Wandung von außen stützen. Auch von außen verarbeiten.

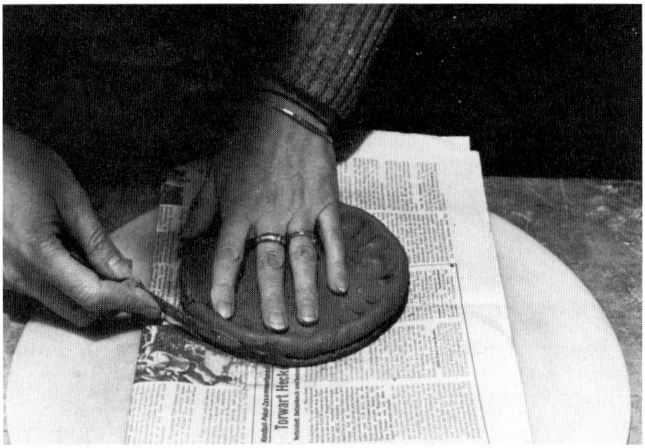

Die nächsten fünf Tonrollen setzt Du senkrecht aufeinander. Ich habe die einzelnen fingerdicken Rollen mit der Kuchenrolle auf 1 cm (nicht dünner) flachgewalzt. Dadurch kann ich die Wandungsstärke besser bestimmen.

Rolle für Rolle wird aufgesetzt und sorgfältig verarbeitet. Der Ton darf nicht zu weich sein, sonst verformt sich die Arbeit, laß ihn in einem solchen Fall ein wenig abtrocknen.

Die letzten zwei Rollen setze im schrägen Winkel nach innen auf, damit sich die Form schließt, bis auf ca. 8 cm Öffnungsgröße. Eine Nacht stehen lassen und dann den Kannenkörper nacharbeiten durch Klopfen und Glätten.

Rolle für die Tülle eine $^{1}/_{2}$ cm starke Tonplatte aus und schneide einen Streifen von 6 x 8 cm zurecht. Diesen Streifen legst Du Dir um den linken Zeigefinger, die Enden übereinander, und erhältst so ein kleines Rohr. Die Naht wird mit dem Messer von außen geglättet, von innen mit einem Bleistift.

Nun markierst Du die Ansätze für Henkel und Tülle auf der Kanne. Die Tülle darf nicht zu tief angebracht werden, der Kaffee würde sonst herauslaufen. Schneide dazu ein kleines Loch in die Wandung.

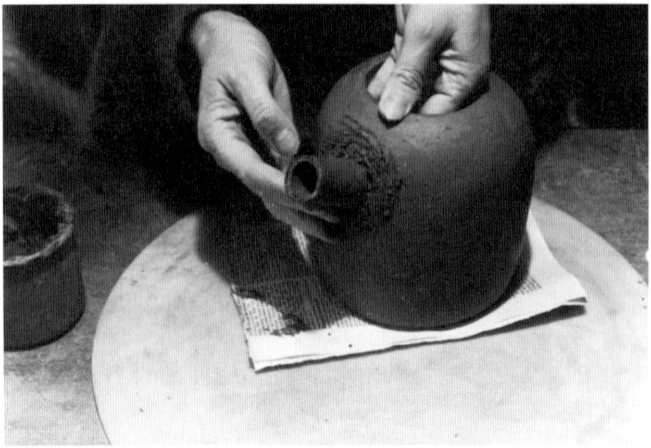

Die Schnittfläche wird angeschlickert, die Tülle hineingesteckt und mit einer dünnen Tonrolle umlegt, so hast Du genügend Material zum Verstreichen. Die Tülle bekommt mit dem Zeigefinger eine Schnaupe eingeformt. Auch die halbkreisförmigen Henkel (13 cm lang) werden angeschlickert und mit einer Tonrolle umlegt.

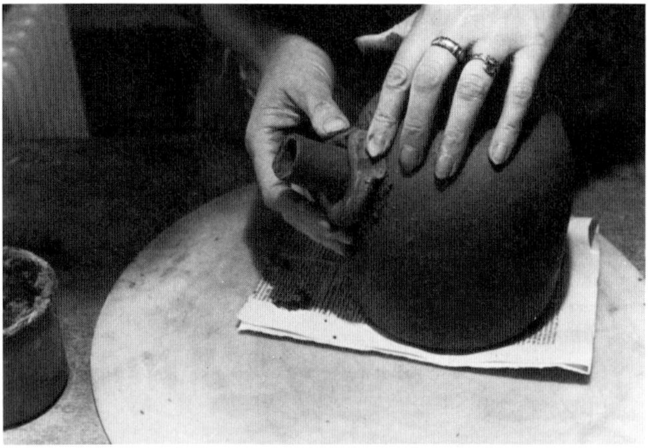

Wenn Du die Henkel ansetzt, vergiß nicht, die Kanne von innen zu stützen. Die Öffnung muß noch auf die Korkengröße zugeschnitten werden, dann umwickelst Du die Henkel zum Trocknen mit Papier und stellst die Kanne schräg. Dann kannst Du alle Kaffeegeschirrteile zusammen glasieren und brennen.

Eßgeschirr

Teller

Das Eßgeschirr habe ich für vier bis sechs Personen geplant. Du brauchst Teller, Suppentassen, mehrere Gemüseschüsseln, eine Terrine, eine Fleischplatte und einen Seiher. Die Eßteller habe ich mit einem Durchmesser von 30 cm gearbeitet. Besorge Dir vom Tischler zwei Platten in dieser Größe.

Rolle den Ton etwa 2 cm stark aus auf Zeitungspapier und schneide die Form zu. Mit Hilfe der zweiten Platte drehst Du die Arbeit um. So kannst Du auch von der Unterseite Ansätze und Risse sorgfältig verarbeiten.

Nun schlickerst Du die Kanten kräftig an, vorher gut aufrauhen.

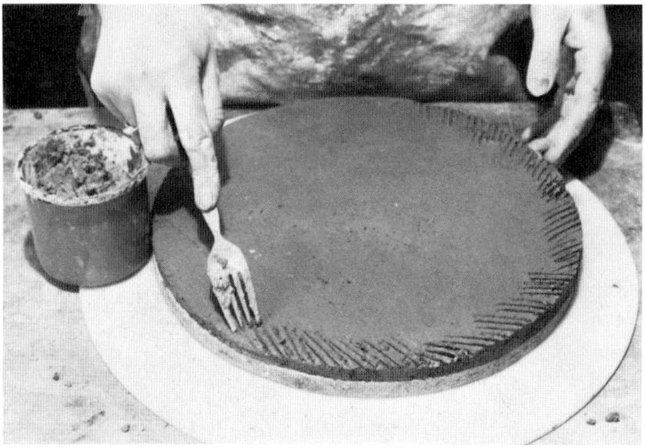

Eine Tonrolle, fingerdick, benötigst Du für den Rand. Je gleichmäßiger Du sie ausrollst, desto schöner wird der Rand. Die Ansätze immer übereinanderlegen, so gibt es beim Trocknen keine Risse.

Leicht drückst Du die Rolle auf, nicht zu stark, damit sie sich nicht verformt, und verstreichst sie von innen gut mit dem Zeigefinger. Dabei mit der linken Hand von außen stützen.

Nun auch von außen verarbeiten. Ich nehme ein Messer, stütze die Kante von innen mit der linken Hand und streiche vorsichtig von unten nach oben rundherum über den Ansatz.

Diesen ersten Arbeitsgang führe möglichst sorgfältig aus und lasse die Arbeit eine Nacht ruhen.

Am nächsten Tag arbeitest Du die Teller nach. Beim Hin- und Hertransport müssen die Teller immer auf einer festen Unterlage stehen, Bewegungen und Biegungen in der Fläche lassen später beim Trocknen Risse oder gekrümmte Böden entstehen.

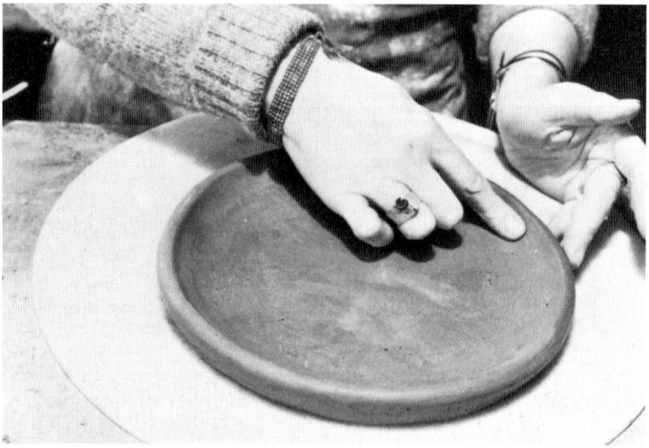

Mit dem Teigschaber glättest Du die Kante erst von innen, dann zwei Tage später von außen. Wenn Du die Arbeit zum Trocknen wegstellst, könntest Du die Kante mit Folie belegen, so kann die Form von innen nach außen trocknen. Am besten glasierst Du alle Teile zusammen, also vorerst noch ein wenig Geduld.

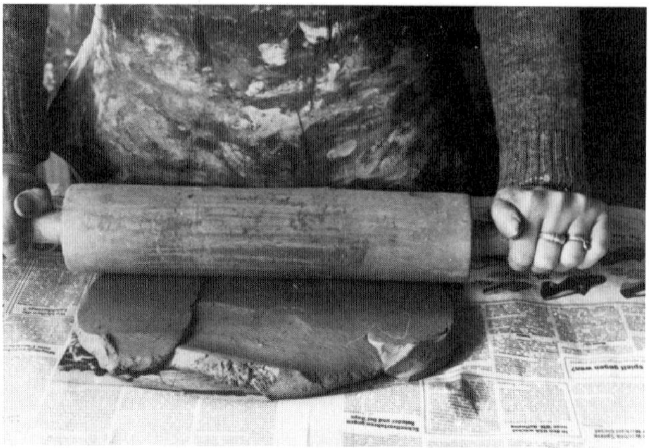

Fleischplatte

Für die Fleischplatte brauchst Du zwei Tischlerplatten mit 40 cm Durchmesser. Rolle Tonerde auf Zeitungspapier aus, 2 cm stark.

Die Form zuschneiden und mit Hilfe der zweiten Platte drehen, damit Du auch von unten die Arbeit verstreichen kannst. Dann die Kanten kräftig aufrauhen und schlickern.

Eine dicke Tonrolle, wie zwei Daumen stark, wird mit der Kuchenrolle flachgewalzt, 1 cm stark, nicht dünner. Mit dem Messer schneidest Du Dir ein Band zu, 4 bis 5 cm breit.

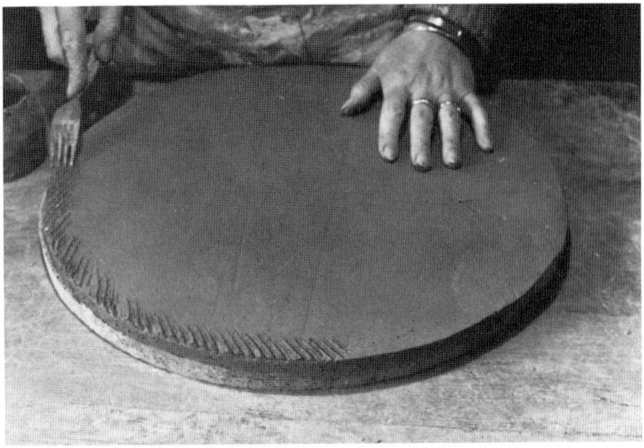

Dieses Band setzt Du senkrecht auf die geschlickerte Kante.

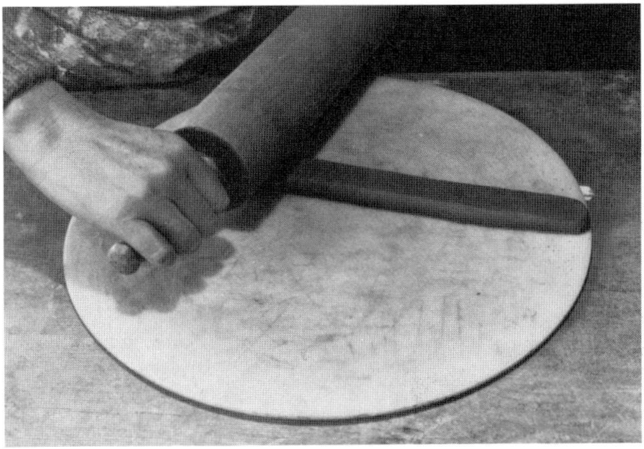

Ansätze des Bandes immer übereinanderlegen und gut verstreichen.

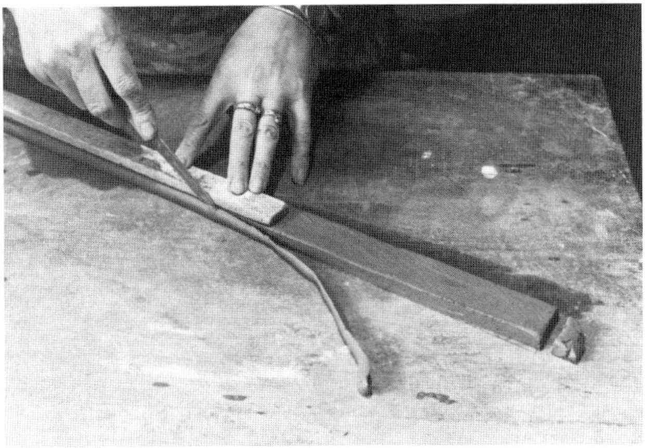

Mit leichtem Druck, nicht zu stark, damit sich das Band nicht verformt, beendest Du das Aufsetzen. Eine kleine Tonrolle legst Du innen rundherum zwischen Boden und Wandung.

Mit dem Zeigefinger verstreichst Du sorgfältig die Tonrolle, dabei die Arbeit von außen mit der linken Hand stützen.

Mit dem Messer von außen den Ansatz von unten nach oben verstreichen. Zum Nacharbeiten die Fleischplatte eine Nacht ruhen lassen.

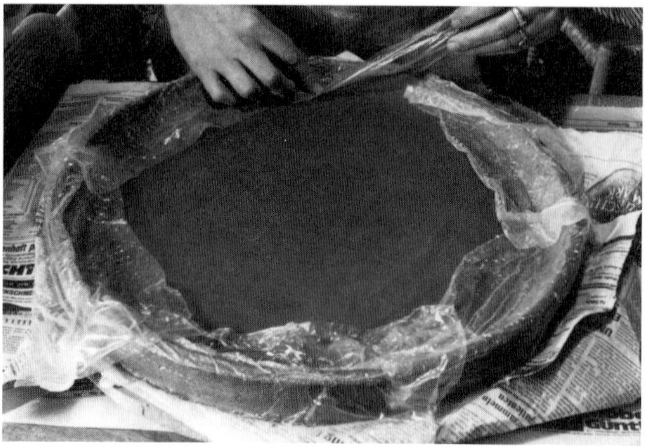

Am nächsten Tag kannst Du die Fleischplatte nacharbeiten. Mit dem Teigschaber glättest Du die Kante von außen und innen, schlägst sie zum Trocknen in Folie ein und läßt die Arbeit langsam von innen nach außen trocknen. Später glasieren und brennen!

Suppentasse (Sauciere)

Die Suppentassen (vier oder sechs Stück) haben den gleichen Durchmesser wie die Kanne, das Stövchen und die Untertassen, also 13 cm. Rolle Dir Ton aus, ca. 1 cm stark.

Schneide Dir die Form zurecht und schlickere die Kanten an.

Für die Wandung brauchst Du eine dicke Tonrolle, die Du mit dem Nudelholz zu einem Band flachwalzt, ungefähr 1 cm stark.

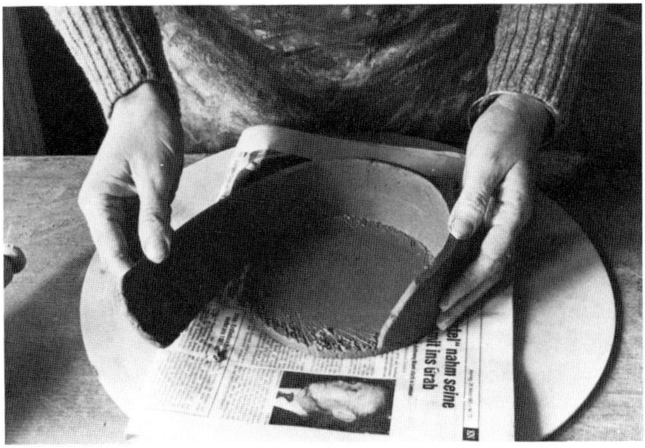

Mit dem Messer schneidest Du das Band zurecht, 5 cm breit und 27 cm lang, und setzt es mit leichtem Druck auf die geschlickerte Kante.

Die Enden legst Du übereinander und verarbeitest die Naht gut.

Eine kleine Tonrolle wird zum Verstreichen innen hineingelegt, zwischen Boden und Wandung. Mit dem Finger sorgfältig glätten, dabei mit der linken Hand die Wandung stützen. Auch außen verstreichen. Laß die Arbeit eine Nacht ruhen.

Dann kannst Du die Form mit dem Teigschaber nacharbeiten. Für jede Suppentasse benötigst Du zwei Henkel. Dazu rolle eine Tonrolle aus, so stark wie Dein kleiner Finger, 5 cm lang, und forme sie zu einem Halbkreis.

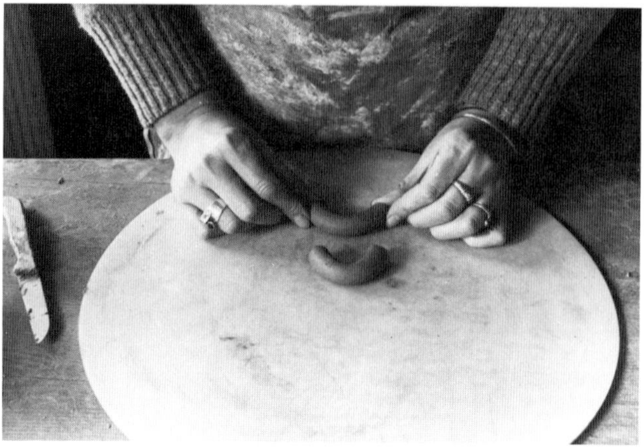

Ansatzstelle auf der Wandung und am Henkel schlickern und die Henkel vorsichtig andrücken. Damit sich die Arbeit nicht verformt, die Wandung von innen stützen.

Als Sauciere benutzt Du die gleiche Form. Du ziehst mit dem rechten Zeigefinger eine Schnaupe aus der Wandung heraus, dabei stützt Du von außen mit dem linken Daumen und Zeigefinger die Arbeit. Alle Teile umgestülpt trocknen lassen. Später glasieren und brennen.

Durchschlag

Dazu brauchst Du die Tischlerplatte mit 24 cm Durchmesser. Rolle Ton auf Zeitungspapier aus und schneide die Form zurecht.

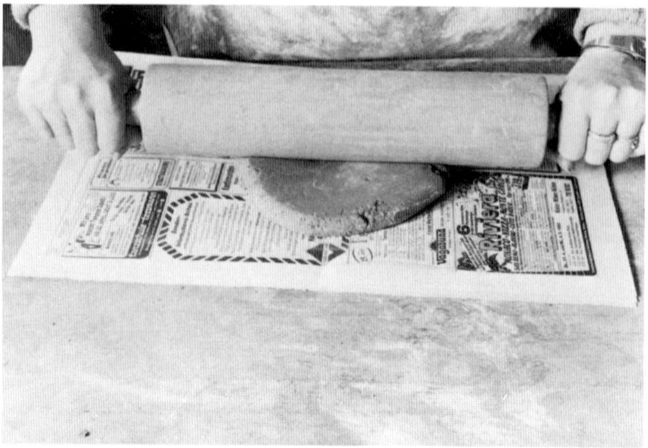

Die Kante wird aufgerauht und angeschlickert.

Eine fingerdicke Tonrolle legst Du mit leichtem Druck auf die geschlickerte Kante, die Enden übereinanderlegen. Mit dem Finger von innen Rolle und Boden miteinander verstreichen, dazu von außen mit der linken Hand stützen und umgekehrt.

Mit dem Messer glätten. Die nächstfolgende Tonrolle mit dem Nudelholz auf 1 cm Stärke flach walzen und mit leichtem Winkel nach außen aufsetzen. Gut verstreichen!

Die nächste flache Rolle gerade darauf setzen und auch hier die Ansätze gut verstreichen. Eine Nacht wegstellen.

Am nächsten Tag wird die Form nachgearbeitet von außen nach innen. Dazu nehme ich einen Teigschaber. Die obere Kante schneide ich mit dem Messer gerade.

Für die Henkel brauchst Du zwei daumendicke Tonrollen, 10 cm lang. Die werden zu einem Halbkreis geformt.

Ansatzstellen an der Wandung und am Henkel schlickern und Henkel mit leichtem Druck ansetzen, dabei die Wandung von innen mit der linken Hand stützen.

Mit einem kleinen Röhrchen stichst Du viele Löcher in den Boden. Dann drehst Du den Seiher zum Trocknen um und später glasierst Du ihn mit anderen Teilen und gibst ihn zum Brennen.

Suppenterrine

Die Terrine und die Gemüseschüsseln werden die gleiche Form bekommen, nur der Boden ist unterschiedlich groß: sie haben 24 bzw. 20 cm Durchmesser. Ich habe mir für mein Geschirr drei Gemüseschüsseln gearbeitet. Aber erst einmal den Ton ausrollen für den Terrinenboden.

Schneide den Boden zurecht und lege ihn auf die Tischlerplatte mit 24 cm Durchmesser. Die Kanten werden aufgerauht und angeschlickert.

Eine Tonrolle, fingerdick, legst Du auf die Schlickerstelle mit leichtem Druck und die Enden übereinander.

Nun verstreichst Du Rolle und Boden mit dem Teigschaber oder dem Zeigefinger und stützt dabei die Arbeit mit der linken Hand von außen.

Du mußt die Arbeit von innen stützen, wenn Du Boden und Rolle von außen verarbeitest; am besten von unten nach oben verstreichen.

Die nachfolgenden Tonrollen werden mit dem Nudelholz auf 1 cm flachgewalzt und senkrecht aufeinandergesetzt, diese jetzt mit leichtem Winkel nach außen. Verstreichen!

Noch eine flache Rolle wird leicht nach außen aufgesetzt und verstrichen. Die letzte Rolle wird dann ganz gerade daraufgesetzt und auch verstrichen. Die Arbeit eine Nacht lang ruhen lassen.

Am nächsten Tag glättest Du die Form mit dem Teigschaber und schneidest die obere Kante mit dem Messer gerade. Dann bereitest Du die Henkel vor: Je eine Tonrolle, 12 cm lang, wird zum Halbkreis geformt.

Ansatzstellen an der Wandung und an den beiden Henkeln anschlickern. Mit leichtem Druck setzt Du die Henkel an und stützt dabei die Form von innen. Nach zwei Tagen wird die Terrine zum Trocknen umgedreht. Später glasieren und brennen. Die Gemüseschüsseln haben eine Bodenplatte mit 20 cm Durchmesser.

Kelle

Für die Terrine und die Bowle brauchst Du auch eine Kelle. Beginne mit dem Kellenstiel. Dazu mußt Du eine dicke Tonrolle ganz gleichmäßig ausrollen, 30 – 35 cm lang.

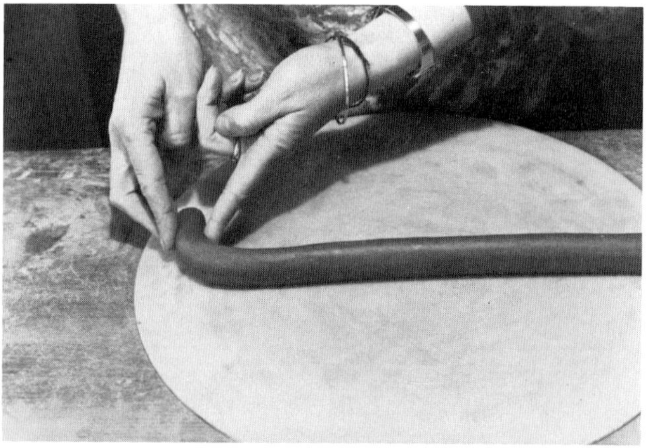

Das eine Ende biegst Du 5 – 6 cm um, wie einen Haken. Das andere Ende wird flachgedrückt, dort wird später die Kellenrundung angesetzt.

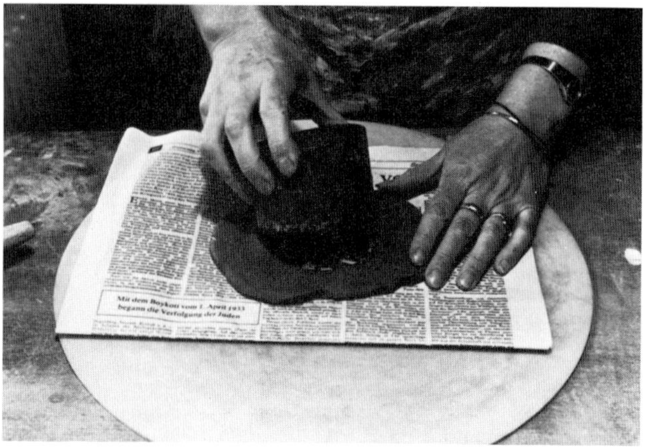

Nun rolle Ton aus und steche wie bei den Teebechern einen Boden mit 8 cm Durchmesser aus.

Die Kante schlickerst Du sorgfältig an, vorher wird sie aufgerauht.

Eine fingerdicke Tonrolle setzt Du senkrecht auf.

Sorgfältig von innen und außen verstreichen.

Eine zweite Tonrolle, flachgewalzt, setzt Du senkrecht darauf mit leichtem Winkel nach außen. Gut verstreichen und eine Nacht stehen lassen.

Am nächsten Tag arbeitest Du die Kellenrundung nach, am besten mit dem Teigschaber. Die Form muß von innen wie von außen wie eine kleine Kuppel wirken.

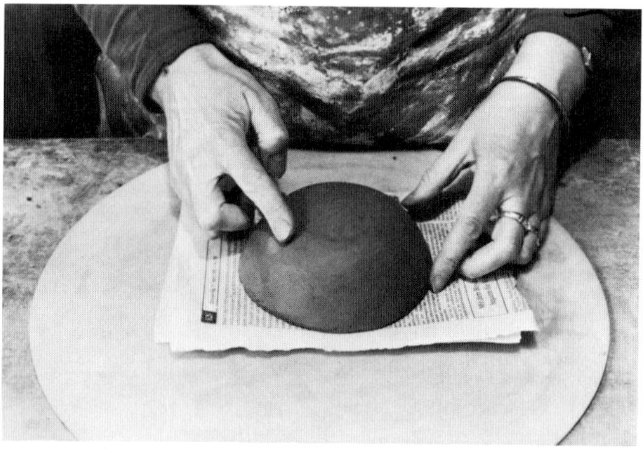

Dann schlickerst Du die Ansätze am Henkel und der Kelle und setzt beide Teile mit leichtem Druck zusammen. Gut verstreichen. Nach dem Trocknen und Glasieren auf drei Dreifüßen brennen. Einen unter die Kuppel, den zweiten in die Mitte des Stieles und den dritten am Ende unterlegen.

Bowle

Die Bowle ist die größte Arbeit in diesem Buch. Dazu brauchst Du zwei Tischlerplatten mit 33 cm Durchmesser und viel Zeit! Rolle Ton etwa 2 cm stark auf Zeitungspapier aus.

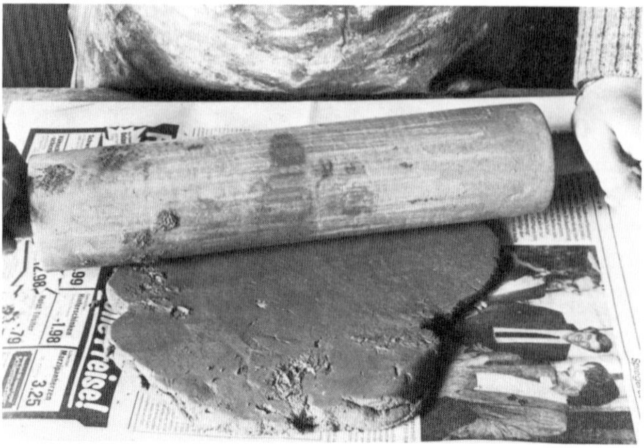

Schneide die Form zurecht, wende mit Hilfe der zweiten Platte. Nun von links bearbeiten. Dann die Kante anschlickern.

Eine Tonrolle, daumendick, aufsetzen und von innen und außen verstreichen, dabei immer mit der linken Hand die Wandung stützen.

Die folgenden Tonrollen werden mit dem Nudelholz flachgewalzt. Nicht zu dünn, damit ausreichende Stabilität gewährleistet ist. Die zweite Tonrolle, flachgewalzt, mit leichtem Winkel nach außen aufsetzen. Gut verstreichen.

Die dritte gerade daraufsetzen, immer die Enden übereinanderbringen und gut von innen nach außen verstreichen. Nun noch zwei flachgewalzte Rollen mit leichtem Winkel nach innen aufsetzen und die Arbeit bis zum nächsten Morgen ruhen lassen.

Am nächsten Tag wird die Form mit dem Teigschaber nachgearbeitet und von innen und außen geglättet. Die obere Kante wird mit dem Messer gerade geschnitten und mit Schlicker bestrichen.

Eine Tonrolle, ungewalzt, setzt Du senkrecht auf und verstreichst die Ansätze mit dem Finger sehr sorgfältig.

Für die Bowle brauchst Du „Ösen“, das sind vier Henkel, je 18 cm lang. Jede Tonrolle, halbkreisförmig, wird an beiden Enden geschlickert. Auch die Ansätze am Bowlenkörper schlickern und mit leichtem Druck die Henkel ansetzen. Eine kleine Tonrolle, um die Ansatzstellen gelegt, ergibt genug Material zum Verstreichen.

Die Henkel mit Papier umwickeln und die Bowle nach zwei bis drei Tagen zum Trocknen umdrehen. Nach dem Glasieren und Brennen ziehst Du ein schönes Tau durch die „Ösen“. Die Kelle „leihst“ Du Dir beim Eßgeschirr aus und die Becher vom Teegeschirr. Fertig ist Dein Bowlenservice!

Saftkrug

Der Saftkrug hat auch einen Boden mit 13 cm Durchmesser, wie die Kannen. Also fängst Du genauso an: Ton ausrollen, zurechtschneiden, anschlickern und eine Tonrolle auflegen und verstreichen.

Die nachfolgenden Tonrollen walzt Du mit dem Nudelholz flach. Eine setzt Du mit leichtem Winkel nach außen auf und verstreichst sie gut. Die zweite genauso, auch etwas nach außen aufsetzen.

Die dritte gerade daraufsetzen und die vierte und fünfte nach innen aufsetzen. So schließt sich die Form ein wenig. Immer sorgfältig verstreichen und nacharbeiten. Die letzte Rolle senkrecht daraufsetzen und die Arbeit bis zum nächsten Tag ruhen lassen.

Am nächsten Tag arbeitest Du den Saftkrug nach mit dem Teigschaber. Die obere Kante wird mit dem Messer geradegeschnitten. Für den Henkel brauchst Du eine daumendicke Tonrolle, 20 – 25 cm lang.

Die Ansätze auf dem Krug und den Henkeln schlickern und mit leichtem Druck die Henkel ansetzen, dabei von innen stützen. Eine kleine Tonrolle, um die Ansätze herumgelegt, bietet genug Material zum Verstreichen. Schnaupe eindrücken – siehe Foto!

Den Henkel nacharbeiten, damit er aus dem Saftkrug „herauswächst". Zum Trocknen den Krug auf die Öffnung stellen und den Henkel mit Folie umwickeln. Alle Teile kannst Du jetzt glasieren und brennen. Ich habe innen immer eine hellen Glasurton verwendet und außen mehrere dunkle Brauntöne. Damit ist Dein Geschirr komplett!